HOMELIE XII.

POUR

LE DIMANCHE

DE LA

SEXAGESIME.

SUR LE LABOUREUR QUI SEME.

Par M. le Curé de S. Sulpice.

A PARIS,
Chez RAYMOND MAZIERES, ruë S. Jacques, prés la ruë du Plâtre, à la Providence.

M. DCCVI.

AVEC APPROBATION ET PRIVILEGE DU ROY.

TEXTE

DU

SAINT EVANGILE

SELON SAINT LUC.

EN ce temps-là, le peuple s'assemblant en foule, & se pressant de sortir des Villes pour venir vers Jesus ; il leur dit cette parabole : Voicy que celuy qui seme est sorti pour aller semer son grain : & comme il semoit, une partie de la ſemence eſt tombée le long du chemin où elle a été foulée aux pieds, & mangée par les oiſeaux du Ciel : & une autre partie eſt tombée ſur des pierres, d'où ayant levé elle a ſéché, parce qu'elle n'avoit point d'humidité : & une autre partie eſt tombée parmi les épines, & les épines croiſſant avec le bled, l'ont étouffée : & une autre partie eſt tombée dans la bonne terre, & ayant levé, elle a apporté le centiéme : en diſant cela, il crioit : que celui qui a des oreilles pour entendre, écoute : Or ſes Diſciples l'interrogeant ſur ce que ſignifioit cette parabole, il leur dit : Il vous eſt donné à vous de connoître le myſtere du royaume de Dieu, & pour les autres en paraboles, afin que voyant ils ne voyent pas, & qu'écoutant ils ne comprennent pas : voici donc le ſens de cette parabole : Le grain eſt la parole de Dieu : celui qui eſt tombé le long du chemin, ce ſont ceux qui écoutent la parole ; mais enſuite le diable vient qui enleve la parole de leur cœur, de peur qu'ils ne croyent & ſoient ſauvez : celui qui eſt tombé ſur des pierres, ſont ceux qui ayant oüi la parole, la reçoivent avec joye, & ceux-cy n'ayant point de racine, croyent pour un temps, & au temps de la tentation, ils ſe retirent : & celui qui eſt tombé dans les épines, ce sont ceux qui ayant oüi la parole, sont étouffez par les sollicitudes & par les richesses, & par les voluptez de la vie, & ne portent point de fruit : mais celui qui est tombé en bonne terre, ce sont ceux qui écoutant la parole, la retiennent dans un cœur bon & tres-bon, & portent du fruit avec patience. *Luc.* 8. *v.* 4.

LE MESME TEXTE SELON SAINT MATTHIEU.

Ce mesme jour Jesus sortant de la maison, s'assit prés de la mer, & de grandes troupes de peuples s'étant assemblez autour de lui, il monta dans une Nacelle où il s'assit, tout le peuple demeurant sur le rivage, & il leur tint plusieurs discours en forme de paraboles, disant : Voici que celuy qui seme, sort pour aller semer : & comme il semoit, une partie de son grain tomba le long du chemin, où les oiseaux du Ciel venant le mangerent : une autre partie tomba dans les lieux pierreux, où il n'y avoit pas beaucoup de terre, & aussi-tôt le grain sortit, parce qu'il y avoit peu de profondeur, & le soleil ayant donné dessus, brûla le grain qui n'avoit point de racine, & il ſécha : une autre partie tomba dans les épines, qui venant à croître, l'étoufferent : une autre partie tomba dans une bonne terre, & il fructifia au centiéme, au ſoixantiéme, au trentiéme, &c. *Matt.* 13. 1. item *Marc* 4. 1.

HOMELIE DOUZIÉME

POUR

LE DIMANCHE DE LA SEXAGESIME.

SUR

LE LABOUREUR QUI SEME.

C'EST une chose digne d'admiration de voir le concours & l'avidité des peuples à entendre la parole de Jesus-Christ : car 1°. les Juifs charnels ne goûtoient que les promesses d'un Royaume temporel, & du'ne terre découlante le lait & le miel ; ils n'aspiroient qu'à avoir une famille nombreuse, des troupeaux gras & abondans, de l'or & de l'argent, une longue vie : en fin ils ne vouloient entendre parler que d'une prosperité toute humaine & sensuelle : & nôtre divin Medecin qui vouloit les guerir & les détromper, ne leur prêchoit continuellement que le détachement des biens & le bonheur des ſouffrances ; il leur diſoit qu'heureux étoient les pauvres, & malheureux les riches ; & que les larmes de la penitence étoient préferables aux vaines joyes du monde, & ſemblables maximes juſqu'alors inouïes parmi eux, en ſorte que les Phariſiens auſſi avares qu'aveugles s'en mocquoient ouvertement, *audiebant autem hæc Phariſæi qui erant divites, & deridebant eum :* cependant ils écoutoient ſes paroles avec une attention ſurprenante, & ils y trouvoient un charme ſecret dont ne ils pouvoient ſe défendre.

2°. Ce peuple peu éclairé n'étoit communement pas capable du ſens ſpirituel des écritures, ils luy faloit des inſtructions proportionnées à ſon eſprit groſſier, & la doctrine du Sauveur étoit toute myſterieuſe & enveloppée ſous des paraboles & des figures enigmatiques : que le royaume des cieux étoit ſemblable à un pêcheur qui jette ſes filets dans la mer, à un Laboureur qui cultive la terre, à un grain de ſenevé qui produit un arbre : juſques là que les Apoſtres ſi aſſidus à ſon école avoient de la peine à comprendre ce que ce divin Maître leur vouloit ſignifier par ſes comparaiſons, & qu'ils s'en attiroient des reproches : quoy, leur diſoit-il, vous ne comprenez pas encore ce que je vous dis ? *adhuc & vos ſine intellectu eſtis ?* & comment donc entendrez vous les ſecrets de la religion, comment les expliquerez-vous aux autres ? ce qui n'empechoit pas qu'ils ne ſe diſſent tout bas entre eux, nous ne ſçavons ce qu'il veut nous donner à entendre par-

là

'à : *neſcimus quid loquitur :* & neanmoins malgré tout cela ſes auditeurs, même les moins Sçavans, étoient ſuſpendus & enlevez aux diſcours qui ſortoient de ſa bouche : *omnis populus ſuſpenſus erat audiens illum.*

3°. La nation Juive eſtoit la plus indocile du monde aux reprehenſions qu'on luy faiſoit, les reproches de leurs pechez & de leur incredulité, leur étoient inſupportables, ils vouloient être flattez & loüez, ils perſecutoient & faiſoient mourir les Prophetes qui les menaçoient de la colere & de l'abandon de Dieu : *quem Prophetarum non ſunt perſecuti patres veſtri, & occiderunt eos ?* avec cela Jeſus-Chriſt dans l'Evangile les reprenoit ſans ceſſe de leur orgueil, de leur avarice, de leur hypocriſie & de leurs autres vices, ce qui ſans doute devoit les éloigner de ſes ſermons : ils envoyoient dans leur colere des ſatellites pour ſe ſaiſir de luy, ceux-cy l'ayant ouy s'en revenoient ſans avoir oſé executer cet ordre : interrogez pourquoy ils ne l'avoient pas amené, ils répondoient, que jamais homme n'avoit parlé comme cet homme là : *numquam ſic locutus eſt homo, ſicut hic homo.*

4°. Enfin les Juifs remplis des hautes & magnifiques idées de leur religion, des grands miracles de ſon établiſſement, des prodiges operez dans l'Egypte, du paſſage de la mer rouge & du Jourdain, de la manne du deſert, & de ſemblables merveilles, ne pouvoient s'accommoder de la doctrine évangelique, dont l'apparente ſimplicité les rebutoit, & dont la profondeur cachée les ébloüiſſoit : peu ſatisfaits des gueriſons & des reſurrections même qu'operoit le Sauveur, ils luy demandoient des ſignes du ciel, le ſoleil arreſté comme du temps de Joſué, & d'autres prodiges ſemblables, qui tinſſent plus de la puiſſance que de la bonté : *Magiſter volumus à te ſignum videre.* Jeſus-Chriſt les leur refuſoit. *Generatio mala ſignum quærit, & non dabitur ei*, & nonobſtant cela ils ne pouvoient ſe ſeparer de luy, les maiſons les plus grandes n'étoient pas capables de contenir la foule des auditeurs qui venoient l'entendre de toutes parts, comme nous liſons dans l'Evangile d'aujourd'huy, il falloit qu'il ſortît & qu'il prêchât au milieu des champs, *cùm turba plurima convenirent, & de civitatibus properarent ad eum, exiens Jeſus de domo ſedebat ſecus mare.*

Mais Jeſus-Chriſt pour confondre leur orgueil, & le nôtre, & ce faſte d'eſprit que nous avons tous herité de nos premiers parens, renfermoit une doctrine toute divine ſous des enveloppes toutes communes; & ce qu'il a fait dans ſes inſtructions, il l'a obſervé dans ſes Sacremens : un peu d'eau dans le Baptême, un peu de pain dans l'Euchariſtie, quelques paroles proferées dans la Penitence, font d'un eſclave du demon un enfant de Dieu, d'un aliment terreſtre une viande celeſte, d'un criminel condamné à l'enfer, un heritier du paradis, ainſi que Tertullien l'a remarqué : *nihil eſt quod tam mentes hominum obturet, quàm ſimplicitas divinorum operum quæ in actu videtur, & magnificentia quæ in effectu repromittitur.*

Nous avons un exemple celebre de cette conduite dans l'Evangile, lorſque Jeſus-Chriſt expliquoit à ſes auditeurs le myſtere de l'Euchariſtie : car les Juifs ne comprenant pas qu'il pût donner ſon Corps & ſon Sang pour ſervir de nourriture à l'homme, ſe choquerent de ce diſcours, & aprés avoir diſputé les uns contre les autres là-deſſus, pluſieurs des Diſciples même du Sauveur, dirent, comment-eſt-ce que celuy-là peut nous donner à manger ſa chair? *litigabant ergo Judæi ad invicem dicentes : quomodo poteſt hic nobis carnem ſuam dare ad manducandum ?* & dés ce moment il y en eut beaucoup d'entre eux qui ſe retirerent ſcandaliſez de ce langage : *durus eſt hic ſermo, & quis poteſt eum audire ?* dirent-ils : alors Jeſus-Chriſt voyant cette deſertion, ſe tourna vers les Apôtres, & leur dit : & vous autres, voulez-vous auſſi me quitter? *numquid & vos vultis abire ?* mais S. Pierre prenant la parole luy répondit au nom de tous : Seigneur, à qui irions nous, vous avez les paroles de la vie éternelle, nous ne les entendons pas parfaitement encore, mais nous les croyons humblement : ſi nos eſprits ne ſont pas capables de comprendre ce que vous nous prêchez, nous ne laiſſons pas d'y trouver un goût caché, qui nous fait ſentir que vous ſeul avez les paroles de la vie éternelle, que vous promettez, & que vous nous donnerez, & nous les recevons comme un gage précieux de cette même vie éternelle que vous poſſedez : à quel autre maître pourrions-nous donc avoir recours? *ad quem ibimus, verba vitæ æternæ habes ?* ajoûtez à cela qu'il faloit rappeler l'homme à ſa premiere inſtitution, lors que Dieu le condamna de manger ſon pain à la ſueur de ſon front; ce qui doit s'entendre auſſi bien du pain ſpirituel qu'il faut rompre pour en nourrir ſon ame, que du pain materiel qu'il faut manger pour en nourrir le corps; & qu'enfin l'homme étant composé d'une substance materielle & intelligente, il étoit naturel de l'élever aux mysteres celestes par des symboles sensibles, *si terrena dixi vobis, & non creditis*, disoit le Sauveur aux Juifs, *quomodo si dixero vobis cœlestia, credetis?*

Mais Jesus-Christ nous ayant expliqué luy-même la parabole d'aujourd'huy, nous a appris la methode d'expliquer à son imitation celles qu'il n'a pas jugé à propos de nous developper, ainsi que remarque saint Gregoire : *hanc autem parabolam hodiernam Dominus per semetipsum ideo dignatus est exponere, ut sciatis rerum significationes querere, in iis etiam quę per semetipsum noluit explanare.*

Au reste cette parabole d'aujourd'huy convient parfaitement au pieux spectacle que nostre Evangile nous met devant les yeux : car cette semence jettée sur des pierres, sur des épines, sur un grand chemin, & sur une bonne terre, que figure-telle autre chose, sinon la diversité des dispositions de ceux qui composoient ce peuple immense qui suivoit le Sauveur? & luy-même, sortant de la maison, & entrant dans cette barque un peu separée de la terre, que nous montre-t-il autre chose, si ce n'est que celuy qui veut exercer les fonctions Apostoliques doit dire adieu à sa maison parternelle, se détacher de tout, & devenir un modelle de sainteté à ceux qui le regardent? *jussit à terra reducere pusillum, & sedens de navicula docebat turbas*: & trouver dans sa vertu le fonds de doctrine dont il doit éclairer les autres? *præbeat aliis exemplum, ut ſit ejus quaſi copia dicendi, forma vivendi*, dit ſaint Auguſtin, perſuadé qu'il n'attirera perſonne hors du monde, s'il n'eſt luy-même élevé au deſſus du monde, *& ego ſi exaltatus fuero à terra, omnia traham ad me ipſum*, & s'il ne peut dire avec ſaint Pierre, *ecce nos reliquimus omnia, & ſecuti ſumus te.* Au reſte, comme obſerve S. Chryſoſtome, le pêcheur ordinaire ſe tient ſur la terre, & jette ſa ligne dans la mer, parce qu'il ne veut prendre que des poiſſons, mais nôtre divin pêcheur ſe tient ſur la mer, & jette ſon filet ſur la terre, parce qu'il veut prendre des hommes, *eos qui in terra degebant piſcabatur*, & qu'il doit dire à ſes Diſciples qui dans la ſuite des ſiecles continuëroient cette pêche myſterieuſe: *venite poſt me, faciam vos fieri piſcatores hominum.*

PREMIERE CONSIDERATION.

Jeſus-Chriſt ſortant donc de la maiſon où il étoit, & une multitude infinie de peuple s'aſſemblant autour de luy proche de la mer, il monta dans une Nacelle, & s'y étant aſſis, tous les auditeurs ſe tenant ſur le rivage, & de là l'écoutant, il ſe mit à leur enſeigner beaucoup de choſes en paraboles, & leur diſoit en ſa maniere d'inſtruire cette ſimilitude: écoûtez, leur diſoit-il: *Voicy: celuy qui ſeme ſortit pour aller ſemer ſon grain. Ecce exiit qui ſeminat ſeminare ſemen ſuum:* pas une parole qui ne merite d'être approfondie.

1°. Ce mot de, *voicy*: marque dans l'Ecriture quelque choſe de myſterieux, ou de merveilleux, qui va ſuivre, *ecce*, & qui exige nôtre attention. Ainſi lors du myſtere de l'Incarnation, de l'Epiphanie, de la Paſſion, de la Reſurrection, de l'Aſcenſion, nous liſons partout: & *voicy* que l'Ange s'apparut: *voicy* que les Mages arriverent: *voicy* que le voile ſe déchira: *voicy* un tremblement de terre: *voicy* deux hommes revêtus de blanc. Cette expreſſion eſt donc icy remarquable: en effet qui eſt celuy qui va ſortir, *ecce exiit?* Eſt-ce un homme? eſt-ce un Prophete? eſt-ce un Ange? on ne le dit pas: Voicy que celuy qui ſort, ſans dire quel eſt celuy qui ſort: nous liſons ailleurs que le Royaume des cieux eſt ſemblable à un Roy qui fait des nôces à ſon fils; à un pere de famille qui conduit des ouvriers à ſa vigne; icy rien de ſemblable, voicy que celuy qui ſort: *ecce exiit:* quel eſt donc celuy qui ſort? cherchons-le par nos reflexions, puiſque celuy qui nous l'a caché, ne l'a caché qu'afin que nous le cherchaſſions: nous le trouverons ſans doute ſi nous conſiderons que celuy qui n'eſt pas icy nommé ne ſort que pour enſemencer la terre, & l'enrichir de ſes dons: car il faut que ce ſoit le Seigneur luy-meſme, puiſque luy ſeul eſt bon, luy ſeul peut répandre & communiquer le bien, *nemo bonus niſi ſolus Deus:* luy ſeul peut rendre la terre feconde, multiplier ſes fruits, accroître ſes productions: la creature n'eſt que ſterilité, qu'indigence, que pauvreté: dés-là donc que vous liſez que celuy qui ſort va enſemencer la terre, concluez que c'eſt là le Seigneur riche en miſericorde, qui poſſede la plenitude de tout bien, qui dés le commencement du monde avoit dit: que la terre produiſe des fruits : *producat terra, germinet terra:* & qui continuë de luy communiquer la vertu de produire toûjours ce qu'il luy a ordonné de produire une fois: c'eſt luy qui voulant ſe nommer à Moyſe, diſoit: je ſuis celuy qui ſuis: *ego ſum qui ſum*, & dont Moyſe voulant apprendre le nom aux Iſraëlites, leur diſoit: celuy qui eſt m'a envoyé vers vous, *qui eſt miſit me ad vos :* ſans doute pour vous délivrer, pour vous enrichir, pour vous multiplier.

L'Apôtre bien-aimé voyant la pêche abondante que ſaint Pierre avoit faite ſur la parole de celuy qu'il ne connoiſſoit pas, *mittite in dexteram navigii & invenietis*, conclut auſſi-tôt qu'il falloit que ce fût le Seigneur, *Dominus eſt*, dit-il à ſaint Pierre. Quand nous voyons dit, ſaint Chryſoſtome, que les élemens ſont changez en une meilleure ſubſtance ſur nos Autels; que cette manne ſurceleſte deſcend en abondance d'enhaut pour nourrir nos ames, aſſurons-nous que c'eſt le Seigneur qui opere ces choſes; *qui verò ſanctificat & immutat ipſe eſt.*

Quand nous voyons que le Prédicateur répand dans nos ames des lumieres, qu'il excite en nous de bonnes penſées, de ſaints deſirs, ſoyons perſuadez que c'eſt le Seigneur, *non enim vos eſtis qui loquimini, ſed ſpiritus patris veſtri qui loquitur in vobis.* Pourquoy donc demander quel eſt celuy dans l'Evangile d'aujourd'huy qui va enrichir la terre de ſes treſors, *ecce exiit qui ſeminat*; cela ſeul nous découvre que c'eſt le Seigneur qui vient répandre ſes miſericordes ſur les hommes terreſtres & ſteriles, pour les changer en des hommes celestes, & leur faire produire des fruits dignes de la vie éternelle, *ecce exiit qui seminat seminare.*

Mais voicy une difficulté qui se presente à nous: comment est-ce que c'est le Seigneur qui sort, *ecce exiit*, puisque sortir n'est autre chose que de quitter un lieu pour se transporter en un autre, & que le Seigneur est par-tout; qu'il remplit le ciel & la terre; qu'il ne cesse point d'être en un lieu, & qu'il ne commence point d'être en un autre: *cœlum & terram ego impleo, dicit Dominus?* d'où vient, & comment est-ce que le Seigneur sort, dit saint Chrysostome: *unde exiit qui ubique presens est, qui omnia replet?* ce n'est pas un changement local de sa presence qui le fait estre de nouveau où il n'étoit pas auparavant: c'est parce qu'on y ressent une effusion de sa bonté qui le fait ressentir, où auparavant on ne le ressentoit pas.

C'est en ce sens que le Fils est descendu du sein de son Pere vers nous, & qu'il est retourné de nous dans le sein de son Pere, *exivi à Patre & veni in mundum, iterum relinquo mundum, & vado ad Patrem*: C'est ainsi encore que le saint Esprit descendit sur la tres-pure Vierge, & sur les Apôtres, quoyqu'il y fût déja, parce qu'il y parut sous un nouveau signe, qu'il y produisit de nouveaux effets, & qu'il y fit éclater sa presence d'une façon toute nouvelle. Enfin c'est ainsi que le Seigneur sous la figure d'un pere de famille accourut au devant de l'enfant prodigue, parce qu'il le prévint par sa misericorde, *& accurrens cecidit super collum ejus.*

Le Seigneur est donc dit icy sortir comme de chez luy

luy pour répandre ſes dons ſur nous, ainſi que le Laboureur ſort de ſa maiſon pour répandre ſon bled ſur ſa terre; non que le Seigneur ſorte d'un lieu pour aller en un autre, mais parce qu'éloigné de nous par ſa divinité, il s'eſt approché de nous par nôtre humanité: *certè non loco, ſed habitudine atque incarnationis myſterio propinquior nobis factus.*

Mais cette parole renferme encore une importante inſtruction : car d'où vient qu'il eſt écrit icy que le Seigneur vient à nous, luy qui eſt le Seigneur des Seigneurs & le Roy des Roys, & non pas nous à luy, nous qui ſommes ſes ſujets & ſes éclaves? n'eſt-ce pas à nous à nous rapprocher de luy, & à l'aller chercher les premiers? il eſt vray, cela devroit être ainſi: mais c'eſt pour nous apprendre que l'homme peut bien s'éloigner de Dieu, mais qu'il ne ſçauroit s'en rapprocher de luy-même; il peut bien ſe bleſſer, mais il ne ſçauroit ſe guerir; il peut bien ſe donner la mort, mais il ne ſçauroit ſe rendre la vie. Adam & Eve peuvent bien s'enfuir & ſe cacher aprés leur peché, mais il faut que le Seigneur aille les chercher & les appeller. David peut bien tomber dans l'adultere, mais il ne pourra ſe relever, ſi Dieu le premier par le Prophete Natan ne vient luy tendre la main. La brebis peut bien s'égarer dans les montagnes, mais il faut que le bon Paſteur l'aille chercher, & qu'il la rapporte ſur ſes épaules; autrement elle ne retournera jamais au bercail, tant elle eſt foible & peu deſireuſe de ce retour. Le Centurion gemira inutilement ſur ſon ſerviteur paralitique, *puer meus jacet in domo mea paralyti-*

cus, & malè torquetur: il faut que le Seigneur veuille venir le guerir, *ego veniam & curabo eum.*

N'est-ce pas le langage des pecheurs rapporté dans Jeremie, lorsqu'ils s'en vont de la maison du Seigneur: Nous nous en allons, disent-ils, & nous ne reviendrons plus à vous: *quare dixit populus meus, recessimus, non veniemus ultra ad te?* ah! Seigneur, s'écrie saint Augustin, vous ne quittez pas vôtre creature, comme vôtre creature vous quitte: celle-cy s'en va sans conserver en elle même aucune vertu, ny aucune force, pour retourner à vous; mais, ô bonté infinie, vous vous retirez tellement de vôtre creature par son peché, que vous retournez souvent à elle par vôtre misericorde, & elle ne reviendroit jamais pour vous trouver, si vous ne la préveniez en l'allant chercher: *convertantur peccatores, & quærantur, quia non sicut ipsi deseruerunt creatorem suum, ita deseruisti creaturam tuam:* Telle est encore la doctrine de S. Chrysostome expliquant l'endroit où nous sommes: car, dit ce Pere, comme nous ne pouvons pas aller au Seigneur à cause du mur de separation que le peché a mis entre luy & nous, & des liens de nos mauvaises habitudes qui nous attachent à la terre, il faut que le Seigneur par son immense charité nous prévienne, & qu'il s'approche le premier de nous, afin que nous puissions nous rapprocher de luy: *nam quia nos venire ad ipsum non poteramus, peccatorum maceria ingressum atque aditum prohibente, ipse ad nos egreditur.*

Mais pourquoy est-ce, ajoûte saint Chrysostome, que le Seigneur vient à nous, est-ce pour nous perdre

& nous détruire, comme une terre ingrate & ſterile qui n'eſt bonne qu'à être brulée ? *cujus conſummatio in cumbuſtionem ?* à Dieu ne plaiſe que nous ayons cette idée, le Seigneur n'eſt jamais venu chez perſonne que pour lui faire du bien : l'arche d'alliance qui n'étoit que ſa figure, entra chez un pieux Iſraëlite, mais ce fut pour le benir & le combler de ſes dons : le Seigneur étant en ce monde entra dans la maiſon de ſaint Pierre, mais ce fut pour guerir la belle-mere de cet Apôtre, & pour y faire un nombre infini de miracles : il entra chez le Prince de la Synagogue, mais ce fut pour reſſuſciter ſa fille : il vint en Bethanie chez Marthe & Marie, mais ce fut pour rendre la vie à Lazare : il vint dans le ſein de ſa beniſte Mere, mais ce fut pour la combler des treſors de ſa grace : il vient en nous par la juſtification, mais c'eſt pour nous rendre heritiers du paradis, & poſſeſſeurs d'une gloire éternelle : je ſuis venu au monde, dit-il luy-même, non pour juger le monde, mais pour ſauver le monde : non pour perdre les ames, mais pour les racheter. Il ſort donc de chez luy comme le Laboureur qui va enrichir ſon champ & le rendre fertile, aprés en avoir ôté les épines & les pierres : *ad quid igitur exivit*, dit ſaint Chryſoſtome ? *an ut terram vepribus plenam perderet, & ignavos agricolas puniret ? minimè : verùm ut optimo cultu terram arando fertilem faceret, religionis ac pietatis ſeminibus diligentiùs jactis : nam ſemen hic, doctrinam ſuam ; arva verò & campos, animas hominum ; ſeminatorem autem, ſe ipſum appellat.* C'eſt donc pour rendre la terre de nôtre cœur feconde en bonnes œuvres, & luy faire produire des fruits dignes de la vie éternelle, qu'il ſort du ſein de ſon Pere, & qu'il vient à nous, *ecce exiit qui ſeminat ſeminare ſemen ſuam.*

SECONDE CONSIDERATION.

Mais faiſons là-deſſus quelques nouvelles reflexions avec ſaint Chryſoſtome.

1°. Admirons la magnificence & la bonté de celuy qui fait également luire ſon ſoleil ſur les bons & ſur les méchans, & découler ſa pluye ſur l'heritage du pecheur auſſi-bien que ſur l'heritage du juſte : qui ſeme à pleine main ſes graces ſur un auditoire nombreux ; ſur les avares, & ſur les miſericordieux ; ſur les ſenſuels & ſur les penitens ; ſur les orgueilleux & ſur les humbles ; *nam quemadmodum agricola ſeminans non diſcernit campum ut in altera parte ſeminet, in altera verò minimè ; ſed ubique projicit ſemina : eodem ipſe modo Salvator noſter non diſcernit, ſed omnibus pietatis doctrinam commendat.* Semblable au ſoleil viſible qui répand également par tout ſes rayons, nôtre divin ſoleil de juſtice répand ſes lumieres ſpirituelles ſans acception de perſonne, ſans diſtinction du pauvre & du riche, de l'ignorant & du docte : il ſeme les bonnes penſées ; il excite les ſaints deſirs ; il effraye les pecheurs ; il conſole les juſtes ; il fait retentir au cœur de l'impie qu'il ait à ſe convertir, & que s'il ne fait penitence il eſt perdu : là l'homme avare entend que ceux qui ſont attachez à la terre, ne poſſederont jamais le ciel : le voluptueux entend que les fornicateurs ſeront jettez dans un étang ardent de feu & de ſouffre : *fornicatoribus pars illorum erit, in ſtagno ardenti igne & ſulphure* : l'orgueilleux entend que Dieu reſiſte aux ſuperbes, & peut raiſonner ainſi : ſi fortifié par les ſecours divins on a tant de peine à s'élever au ciel, que ſera-ce quand le Seigneur même s'y oppoſera ? *Deus ſuperbis reſiſtit.* Là le juſte eſt conſolé apprenant que les tribulations de cette vie ſont courtes & legeres, & qu'elles produiſent le poids d'une gloire éternelle ; que le Royaume des cieux ſera le prix de ſes ſouffrances ; & le Prédicateur a ordre de luy dire de la part de Dieu, que tout va bien pour luy ; *dicite juſto, quoniam benè*, & qu'au dernier jour il entendra ces douces paroles ; venez les benits de mon Pere, poſſeder le Royaume qui vous eſt préparé dés l'établiſſement du monde : c'eſt ainſi que cette ſemence de la parole de Dieu ſe jette ſur les épines & ſur la bonne terre : *ecce exiit qui ſeminat ſeminare ſemen ſuum* : heureux qui la reçoit avec amour.

2°. Conſiderons en ſecond lieu l'ingratitude & la ſterilité du cœur humain : car de quatre endroits où le pere de famille répand ſi abondamment cette ſemence divine, il n'y en a qu'un ſeul qui rapporte du fruit, le reſte eſt, ou ſuffoqué par les épines ; ou enlevé par les oiſeaux ; ou deſſeché par la chaleur : que ſignifie cela ? ſinon que dans le ſacré terroir de l'Egliſe, quoy qu'arroſé ſans ceſſe de la parole de Dieu, il y a peu d'élus, peu de gens veritablement vertueux, humbles, chaſtes, détachez des choſes du monde, penitens & laborieux : au contraire le nombre des impies, des orgueilleux, des avares, des vindicatifs, des intemperans, des ſenſuels eſt infini : *ſtultorum infinius eſt numerus* : le champ du Seigneur eſt défiguré par les ronces, les pierres & les chemins battus qui le traverſent : la quatriéme partie eſt la ſeule qui fructifie, encore eſt-ce diverſement & avec diminution : car s'il y a quelque portion heureuſe qui rapporte le centiéme, il y en a deux autres moins fertiles qui ne rapportent que le ſoixantiéme, & le trentiéme : peu de perſonnes répondent à la grace dans toute ſon étenduë, & entrent enfin comblez de merites dans les greniers celeſtes du pere de famille, & la parole du Prophete ſe verifie en nous ; *ſeminaſtis multum, & tuliſtis parum* : telle eſt la remarque de ſaint Chryſoſtome : *quarta pars ſola ſalvata eſt*, dit ce Pere, *nec univerſa æqualiter, ſed magno quodam interjecto diſcrimine*. Les uns produiſant le centiéme de la virginité, les autres le ſoixantiéme de la viduité, & d'autres enfin le trentiéme du mariage chrétien, ainſi que pluſieurs Peres l'entendent : *centeſimum fructum virginibus : ſexageſimum viduis, & continentibus : triceſimum caſto matrimonio deputantes*, dit ſaint Jerôme.

Saint Auguſtin l'explique autrement, & par le centiéme il prétend que les Martyrs ſont repreſentez, à cauſe que la vie leur eſt comme à dégouſt, par le mépris qu'ils font de la mort. *Centeſimum Martyrum, propter ſatietatem vitæ, vel contemptum mortis*. Par le ſoixantiéme il entend les vierges, qui par leur longue habitude à vaincre les ennemis de la chaſteté, jouïſſent du repos ſpirituel, figuré par le repos corporel qu'on accordoit aux ſoldats parvenus à cet âge aprés avoir combattu glorieusement : *sexagesimum virginum, propter otium interius, quia non pugnant contra consuetudinem carnis : solet enim otium concedi sexagenariis post militiam.* Enfin le trentiéme marque les personnes mariées, qui combattent avec force comme des soldats dans la vigueur de leur âge, pour ne se laisser pas surmonter aux plaisirs sensuels : *trigesimum conjugatorum, quia hæc est ætas præliantium, ne libidinibus superentur.*

3°. En troisiéme lieu, considerez la longanimité du Seigneur representée dans cette parabole : car comme le Laboureur, ne se promet pas de faire sa recolte aussi-tôt qu'il a semé, & qu'il attend patiemment le temps de la moisson, ainsi le Seigneur séme tellement en nous ses graces, qu'il n'exige pas qu'elles fructifient aussi-tôt que nous les avons reçûës : il attend le pecheur à la penitence, il attend le juste à la perfection, il donne aux uns & aux autres, comme à des plantes mystiques, le temps de parvenir peu à peu à maturité : il écoute cette humble parole du penitent : ayez patience, & je vous rendray ce que je vous dois : *patientiam habe in me, & omnia reddam tibi* : il attendit au temps de Noé les hommes à resipiscence pendant six-vingts ans : *sicut in diebus Noe expectabat Dei patientia.* Il attendit qu'Abraham fût parvenu à la perfection pour l'établir le pere des croyans : *ambula coram me, & esto perfectus* : il n'a pas comparé le royaume des cieux au soleil, ny au feu, ny à un fleuve rapide. En effet le Souverain Createur voulut que le soleil épanchât sa lumiere dès le moment qu'il l'eut formé ; que le feu brulât, si-tôt qu'il l'eût produit ; que les fleuves coulaſſent vers la mer, deſlors qu'ils furent ſortis de ſa main, & qu'il leur eût donné cette impreſſion: mais il a tellement diſpoſé les productions de la nature & de la grace, qu'il ne prétend pas qu'on faſſe la recolte le même jour qu'on ſeme: *numquid parturiet terra in die una?* dit le Prophete: ſi bien que ſous l'ecorce de la parabole d'aujourd'huy, Jeſus-Chriſt nous inſtruit, & nous conſole dans la douce penſée, que pourvû que comme une terre bien préparée nous recevions avec amour la parole de vie ainſi qu'une ſemence divine, il attendra qu'elle germe, & qu'elle parvienne à ſa maturité, pour parler ainſi: écoutons-le dans ſon Evangile: il en eſt du royaume de Dieu, dit ce Souverain Seigneur, comme d'un Laboureur qui jette ſa ſemence dans ſon champ, laquelle germe & croît inſenſiblement, ſans que le Laboureur ſçache comment cela ſe fait: car la terre produit d'elle-même & naturellement, en premier lieu l'herbe, enſuite l'épic, & enfin le grain tout formé: *ultrò enim terra fructificat, primùm herbam, deinde ſpicam, deinde plenum frumentum in ſpica:* & pour lors le fruit étant meur, le moiſſonneur prend la focille, & fait ſa recolte: *& cùm produxerit fructus, ſtatim mittit falcem, quoniam adeſt meſſis.*

Que les Miniſtres Evangeliques, qui travaillent au ſalut des ames, apprennent donc icy, dit ſaint Chryſoſtome, à ne pas s'indigner contre leurs Neophites qui commencent à entrer dans les voyes du Seigneur, s'ils ne ſe portent pas d'abord à la perfection, & s'ils ne produiſent que peu à peu ce qu'ils en attendent: s'ils n'arrachent pas dés le premier jour toutes les épines

nes du terroir de leur ame : s'ils n'ôtent pas toutes les pierres de leur champ ; s'ils ne ſe délivrent pas de tout le feu de la concupiſcence : qu'ils ſçachent que les grains confiez à la terre, ne croiſſent qu'avec la patience, *& fructum afferunt in patientia :* qu'ils ne portent des fruits que dans leur temps ; *in tempore ſuo :* & que ſelon l'Apôtre *S.* Jacques, le Laboureur tranquille attend que la roſée du ciel qui tombe ſoir & matin faſſe germer ſon grain : *ecce agricola expectat pretioſum fructum terræ, patienter ferens donec accipiat temporaneum & ſerotinum.*

Encore une fois, que les Prédicateurs ne ſe découragent point s'ils ne voyent pas d'abord beaucoup de fruit de la doctrine qu'ils répandent, *non ergo nos timor ſpinarum, aut duriſſima via perterreat*, dit ſaint Auguſtin, *dum tamen ſeminantes verbum Dei, ad terram bonam tandem aliquando pervenire poſſimus.* Qu'ils conſiderent que le pere de famille luy-même ne laiſſe pas de répandre avec profuſion ſes graces ſur nous, quoy qu'il prévoye nôtre lenteur & nôtre ſterilité : *quamvis non ignoret futurum exitum, copioſiſſimè tamen omnibus pietatis doctrinam proponit*, dit ſaint Chryſoſtome ; & ainſi que les Diſciples ne diminuënt rien de leurs travaux & de leur zele, ſe ſouvenant que la même choſe eſt arrivée à leur Maître : *ut non caderent animis cùm id etiam in Domino atque Magiſtro pariter factum recordarentur, neque tamen ipſe quamvis id ita futurum non ignoraret, ſemina projicere neglexit.* Nous avons donc beſoin tous tant que nous ſommes, & ceux qui ſement, & ceux ſur qui on ſeme, de nous conſoler, & de nous ſoûtenir devant le Seigneur, par l'eſperance, malgré le peu de profit que nous rapportons de ses misericordes : d'imiter sa longanimité envers nous & envers les autres, & de ne nous pas rebuter de nôtre sterilité, puisque ce divin Sauveur ne se rebute pas luy-même de nôtre paresse à cultiver le terroir de nôtre ame, & à y faire germer la divine semence : une terre ingrate devenuë enfin fertile par les soins du Laboureur infatigable, luy devient ensuite plus chere : ne desesperons point de nôtre peu de progrez dans la vertu, & dans les autres, & dans nous-mêmes ; ne cessons pas de jetter nos filets dans la mer, quoyque nôtre pêche ait esté inutile pendant toute la nuit : nous confiant qu'elle deviendra plus heureuse quand le Seigneur y voudra donner sa benediction.

Mais si nous devons bannir là-dessus nôtre impatience, ne nous laissons pas gagner d'autre part à la negligence, & à l'inaction : car pour ne nous pas éloigner de nôtre parabole, si le grain de froment ne donne pas sa production du moment qu'il est jetté en terre, il n'y a cependant pas un moment où il ne pousse, où il ne germe, où il ne croisse, où il ne s'avance, jusqu'à ce qu'il ait conduit son fruit à sa perfection : ainsi s'arrêter dans la vie spirituelle, ne pas s'avancer dans le chemin de la vertu, ne pas tendre sans cesse à la perfection, c'est reculer, c'est perir : *non progredi regredi est : ubi steti, perii :* de même qu'il arrive à ce grain de froment, qui periroit s'il cessoit d'agir : qu'il en soit de même de la vie de Jesus-Christ, ce froment mysterieux en vous.

TROISIE'ME CONSIDERATION.

1°. Vous direz peut-être icy que la liberalité du pere de famille n'eſt ny bien entenduë, ny ſelon les regles de la prudence, puiſqu'il jette une partie de ſa ſemence ſur des pierres, ſur des épines & ſur un grand chemin, & qu'il eſt contre la raiſon d'en attendre du fruit, ou de tourner à crime une telle ſterilité: *ſed quomodo, inquies, credendum eſt in vepribus, & in lapide, & in via prudentem hominem ſeminare?* à quoy S. Chryſoſtome qui ſe fait cette objection, répond que cela eſt vray dans l'ordre naturel de l'agriculture, *in agris certè & in ſeminibus quæ terræ traduntur, ſtultè factum videretur*: mais qu'il n'en eſt pas ainſi de la ſemence ſpirituelle, & du terroir de nos ames: *in animis autem atque doctrina, probè atque laudabiliter:* Car la parole du Seigneur eſt d'une telle énergie & d'une telle efficace, qu'elle peut changer les pierres en un terre fertile, *poſſibile enim eſt, ut lapis in terram fertilem convertatur*, qu'elle peut les changer en pain: vertu que le demon n'ignore pas, puiſqu'il diſoit à Jeſus-Chriſt: *ſi filius Dei es, dic ut lapides iſti panes fiant*, & faire que les chemins les plus battus ceſſent d'être foulez aux pieds, & expoſez à tous les paſſans, pour devenir une terre cultivée & bien préparée: car autrement nôtre divin Laboureur n'auroit jamais rien ſemé dans le monde, puiſque le monde étoit alors comme un champ couvert d'épines & de pierres, comme un chemin large qui conduiſoit à la mort, expoſé & aſſujetti à l'empire & à l'inſulte des demons: *nam niſi hoc possibile, imò verò facile esset, nec certè seminasset.* C'est ainsi que saint Matthieu entouré de solicitudes seculieres, comme d'autant d'épines que les richesses produisent naturellement, devint tout d'un coup par la parole du Sauveur un terroir evangelique : c'est ainsi que Zachée Prince des Publicains, comme un grand chemin foulé aux pieds par un nombre infini de passans, devint en un instant par la vertu de cette même parole, un modele à ceux qui veulent suivre le sentier étroit qui conduit à la vie : *erunt prava in directa & aspera in vias planas. Orietur viror calami & junci, & erit ibi semita & via, & via sancta vocabitur : & non transibit per eam pollutus.* C'est ainsi que les Gentils comme des pierres dures pouvoient être changez en des enfans d'Abraham par la prédication de la foy, comme par une semence divine : *potens est Deus de lapidibus istis suscitare filios Abrahæ*, disoit le saint Précurseur, & que tous les jours l'avare est transfomé en misericordieux, le sensuel en mortifié, l'orgueilleux en humble : ajoûtez à cela que quand le Laboureur de nôtre Evangile jetta son grain sur les épines, elles ne paroissoient pas encore, ce ne fut que dans la suite lorsque le bled commença de naître, qu'elles commencerent aussi de paroître : *simul exortæ spinæ creverunt, & ascenderunt.* Ce n'est donc pas manque de vertu dans le froment semé, s'il ne fructifie point malgré ces épines, c'est manque de soin dans le Laboureur qui n'extirpe pas ces épines naissantes, lesquelles suffoquent la bonne semence, *suffocantur spinis, non quidem ipsarum spinarum culpâ, sed ejus qui crescere ipsas permittit :* dit saint Chrysoſtome. Pourquoy n'a-t-il pas ôté les pierres, arraché les épines, fermé ſon champ, de peur qu'on n'en fit un chemin paſſant ? il eſt donc ſeul blâmable, & nullement celuy qui jette cette divine ſemence : *quòd ſi hæc præterea mutatio in omnibus facta non eſt : non ſeminantis culpâ, ſed audientium inobedientiâ id contigit : nam ipſe quidem ei diligenter ſemina tradidit : ſi verò illi corruperunt accepta, inculpabilis omnino eſt qui tantâ benignitate in omnes æqualiter utitur.* Car s'il n'eſt pas en nôtre pouvoir de jetter la ſemence de la grace en nos ames, il eſt de nôtre fidelité à cette même grace, & de nôtre vigilance, d'empêcher qu'elle n'y ſoit ſuffoquée, ou renduë inutile : malheur trop ordinaire à bien des gens, qui d'un côté recevant la parole de vie, conſervent de l'autre diverſes méchantes humeurs, comme autant de racines qui venant peſle meſle à pulluler avec le bon grain, peuvent dans la ſuite l'étouffer : tels ſont les mouvemens d'ambition, l'attache à ſon ſens, l'amour des nouveautez, les deſirs de s'enrichir, de s'agrandir, de paroître, d'être eſtimé, malheureux germes qui pouſſent ſans ceſſe, & qu'il faut ſans ceſſe reprimer, & en la place deſquels il faut planter les vertus oppoſées : *hoc eſt opus noſtrum concupiſcentias noſtras quotidie frangere, frænare, interimere*, dit ſaint Auguſtin : *elaboremus in quantum poſſumus in loca vitiorum virtutes inſerere*, continuë ce Pere : croyez-moy, ajoûte ſaint Bernard, *& amputata repullulant, & extincta reviviſcunt, & ſopita denuò excitantur.* Nôtre travail en cette vie en qualité de Laboureurs ſpirituels, à qui la culture du terroir de nôtre ame eſt commiſe, doit conſiſter à reprimer avec le ſecours divin, nos mauvaiſes inclinations, & à faire que ſi nous ne pouvons pas les empêcher de naître, du moins nous les empêchions de vivre.

2°. Vous demanderez peut-être de plus d'où vient que même la bonne terre ne produit pas également ſon fruit, & qu'il va quelquefois au centiéme, au ſoixantiéme, au trentiéme. A quoy on vous répondra avec ſaint Chryſoſtome deux choſes : la premiere, que ce n'eſt pas par le défaut de cette divine ſemence, puiſqu'elle eſt partout la même, mais que cela vient des differentes diſpoſitions de ceux qui la reçoivent dans un cœur ou bon ou meilleur, *in corde bono, & optimo, & perfecto*, comme parle aujourd'huy l'Egliſe : car tout ainſi que la terre cultivée, & façonnée par le Laboureur, reçoit bien plus utilement le grain qu'il luy confie, & qu'elle fructifie plus abondamment que celle qui ne l'a pas eſté : ainſi en eſt-il du cœur humain diſpoſé par la pieté à la reception de cette divine ſemence, ou indiſpoſé par de mauvaiſes habitudes. En ſecond lieu cela vient auſſi des differens deſſeins de Dieu ſur les ames des fideles appellez à differens états, & à differens degrez de ſainteté : *in domo patris mei manſiones multæ ſunt* : l'un qui n'a pas de vûë plus élevée que celle du commun des fidelles, qui l'engagent dans les liens du mariage, content de garder les préceptes, reçoit la prédication de l'Evangile dans un cœur bon, *in corde bono matrimonii*, comme ſainte Eliſabeth : l'autre aſpirant plus haut, veut, comme ſainte Anne, obſerver la continence d'une vertueuſe viduité, *in corde optimo:* d'autres enfin aſpirant à la perfection, & à l'obſervation des conſeils, veulent d'un cœur parfait ſe conſacrer à Dieu par la virginité, *in corde perfecto*, ainſi que fit la tres-pure Vierge, qui choiſit la meilleure part, *optimam partem elegit.* Que la terre bonne ne porte donc point d'envie à celle qui eſt meilleure, & plus fertile, *ſerta ter denis alios coronant aucta crementis, duplicata quoſdam, &c.* Tous ſeront couronnez, tous ſeront récompenſez, mais dans leur degré, & ceux qui ont multiplié deux talens, & ceux qui en ont multiplié cinq, & l'on dira à tous quand ils entreront dans cette joye du Seigneur où la triſte jalouſie n'aura jamais d'accez, *ſerve bone & fidelis, quia in pauca fuiſti fidelis, ſupra multa te conſtituam, intra in gaudium Domini tui.* En quoy, ſelon ſaint Chryſoſtome, on voit la bonté, & la charité du Seigneur, qui n'exige pas d'un chacun la même meſure de fruits, mais qui reçoit tellement les riches offrandes, qu'il ne rejette pas les mediocres; & qu'il ne dédaigne pas les petites: *miſericordia verò ejus atque benignitas hic quoque apparet, cùm non unam ab omnibus menſuram efflagitet, ſed primos ita libenter recipiat, ut ſecundos non ejiciat, & tertiis locum præbeat.*

3°. On peut faire cette troiſiéme queſtion: d'où vient que le terroir ſacré de l'Egliſe eſt ainſi, ou défiguré par les épines, les pierres, & les grands chemins: où inégal par la diverſe quantité des fruits que produit la bonne terre? à quoy les Saints nous répondent, que le mélange des juſtes & des pécheurs, des boucs des agneaux, de l'yvroye & du froment, des parfaits &

des imparfaits, est un caractere de l'Eglise de ce monde : que le ciel renferme le pur bien, & les seuls élus ; l'enfer le pur mal, & les seuls réprouvez ; l'Eglise de ce monde le bien & le mal, les prédestinez & les réprouvez : d'ailleurs la sagesse éternelle infiniment élevée au-dessus de nos pauvres raisonnemens, & qui sçait tirer la lumiere des tenebres, a jugé plus à propos de tolerer le mal en ce monde, & de le faire servir au bien, que de supprimer entierement le mal. *Melius enim judicavit de malis benefacere, quàm mala nulla esse permittere*, dit saint Augustin. Ne pensez pas, ajoûte ce Pere, que les méchans soient inutiles sur la terre, & qu'ils ne servent de rien aux desseins de Dieu ; *ne putetis gratis esse malos in hoc mundo, & nihil boni de iis agere Deum :* le Seigneur souffre les méchans en ce monde, ou afin qu'ils deviennent justes, ou afin qu'ils exercent les justes : *omnis malus aut ideò vivit, ut corrigatur, aut ideo vivit, ut per eum bonus exerceatur.*

Combien de pecheurs ont-il esté utiles à la sanctification des justes ? combien la femme de Job, ses amis & le demon contribuerent-ils à la sanctification de ce bienheureux homme ? le demon par ses tentations affermit sa fidelité : sa femme par ses reproches perfectionna sa patience : ses amis par leurs contradictions épurerent sa sagesse, & tous en firent une figure excellente de J. C. souffrant, & le rendirent un modelle de vertu aux justes, qui dans la suite des siecles devoient estre exercez par les afflictions. Quel plus grand bien pouvoit-on luy procurer ? le pecheur envieux considere l'homme de bien, *considerat peccator justum*, dit le le Pſalmiſte : il le conſidere, non pour l'admirer, le loüer, ou l'imiter ; mais pour trouver quelque choſe à redire en luy ; il examine ſa conduite, ſes actions, ſes deſſeins : s'il ne peut blâmer les dehors, il blâme les intentions : il l'accuſe d'hypocriſie, de vanité, de vûës intereſſées, d'un deſir de dominer ; il ne luy pardonne rien, pas même les fautes de temperament & de fragilité qui ſont inevitables en cette vie : car nous ne nous ſommes pas tellement revêtus de Jeſus-Chriſt, que nous ne portions bien encore des vieux haillons de nôtre premier Pere, dit ſaint Auguſtin : il luy eſt un Juge ſevere & rigoureux, & par-là il luy eſt infiniment utile pour le contenir dans l'humilité, dans l'attention à ſoy-même, dans la vigilance : il cherche tous les endroits par où il pourra le mortifier : *& quærit mortificare eum* : mais en voulant luy nuire, peut-il luy procurer un plus grand bien que de le mortifier, ce que peut-être il n'auroit pas la force de faire luy-même ? de luy donner lieu d'accomplir cet avis ſalutaire de l'Apôtre, *mortificate membra veſtra quæ ſunt ſuper terram* ? de le rendre ſemblable à Jeſus-Chriſt, & de luy en faire porter les ſtigmates glorieuſes : *mortificationem Jeſu in corpore circumferentes* : que luy ſerviroient les louanges & les applaudiſſemens en comparaiſon de ces perſecutions ? combien ce cruel mari contribuë-t-il à la ſainteté de cette épouſe vertueuſe & ſage ? ce creancier inhumain, cet uſurier injuſte, au ſalut de ce pauvre malheureux, mais patient ? la dureté de ces méchans, n'eſt-elle pas plus utile à celuy qu'ils tourmentent ainſi, que ne luy ſeroit leur bienveillance humaine? & ne pourroit-on pas dire d'eux ce que saint Augustin disoit d'Herode par rapport aux Innocens : *ecce prophanus hostis nunquam beatis parvulis tantum prodesse potuisset obsequio, quantum profuit odio.* Si l'Eglise n'avoit point eu de persecuteurs, elle n'auroit pas eu de Martyrs, dit S. Ambroise.

4°. Enfin vous pourrez demander encore avec saint Gregoire, d'où vient que les richesses qui donnent tant de plaisir & de consolation, sont icy comparées aux épines qui blessent & qui percent? sans doute c'est que la sagesse éternelle ne juge pas des choses selon les apparences, mais selon qu'elles sont en elles-mêmes : en effet quel repos peuvent apporter les richesses? leur acquisition cause de la peine, leur possession de la crainte, & leur perte du regret; le riche au milieu d'une nuit tranquille, & tandis que le plus malheureux dort d'un doux sommeil sur son mauvais lit, n'est-il pas occupé de mille agitations qui l'empêchent de fermer les yeux, le desir d'augmenter son bien l'inquiete; les pertes qu'il fait, & qui sont inévitables, tant à raison des accidens exterieurs, qu'à cause de la nature des biens perissables de ce monde, luy donnent plus d'ennuys, que la conservation de ceux qui luy restent, ne luy donne de joye; il s'afflige de voir qu'on peut luy dérober en une nuit ce qu'il a amassé en plusieurs années : qu'on usurpe ses droits les mieux établis : qu'un voisin incommode entreprend sur ses heritages; il considere avec regret que beaucoup de gens qu'il n'aime pas mangent son bien, luy font de la dépense, & profitent en repos de ce qu'il a acquis avec bien du travail: ſon eſprit timide luy fait quelquefois apprehender que tous ſes revenus ne ſuffiſent pas à ſa dépenſe, & qu'il pourra peut-être tomber dans le beſoin : il tremble que les voleurs ne viennent enlever ſon argent, que ſes domeſtiques n'attentent ſur ſa vie, & que la reputation de ſes richeſſes ne luy attire quelque grand malheur: ſes enfans qu'il faut établir, & auſquels il ſera obligé de partager ſon bien, luy donnent de nouvelles inquietudes : il prévoit qu'ils diſſiperont bien-tôt & avec prodigalité ce qu'il a amaſſé avec beaucoup de temps & d'économie : mille accidens le troublent ; une maiſon tombée ; un débiteur inſolvable; un fermier ruiné ; une recolte perduë ; un marchand qui luy a fait banqueroute; une mortalité parmi ſes beſtiaux ; un procés mal conduit, & divers autres chagrins ſemblables le déchirent : il voit pluſieurs endroits par leſquels toute ſa fortune pourroit être renverſée, & il s'afflige également des pertes réelles, & des pertes imaginaires : que ſi à toutes ces vûës humaines ſurviennent les penſées religieuſes de la vanité des richeſſes ; de leur peu de durée; de leur inſuffiſance à contenter le cœur humain; de leur incertitude ; & de la neceſſité inévitable de les perdre un jour par la mort ; il tombe dans une triſteſſe qui le ronge juſqu'au fond du cœur : il craint ce dernier jour auquel il faudra tout quitter ce qu'il poſſede, & paroître devant le juſte Juge les mains vuides d'aumônes & de bonnes œuvres : le ſort du mauvais riche l'effraye ; ſes richeſſes peut-être mal acquiſes luy donnent du remords ; l'impoſſibilité de les reſtituer le jette dans une eſpece de deſeſpoir ; incapable de déchoir de ſon état, & de reduire ſa famille dans la premiere pauvreté, d'où il l'a tirée par ſes injuſtices. Toutes ces choſes ne ſont-ce pas de vrayes épines qui percent ſon cœur, & qui luy font éprouver la verité de l'Evangile d'aujourd'huy ? Ajoûtez à cela que les richeſſes ſont comparées tres-à-propos aux épines, parce que, ſelon les Saints, comme c'eſt dans les amas d'épines & de ronces, que les ſerpens, les inſectes, & les reptiles venimeux ſe retirent, & ſouvent même les bêtes feroces ; ainſi les richeſſes ſervent d'azile à un nombre infini de vices & de crimes : c'eſt là ou ſe refugient comme dans un fort inexpugnable, l'orgueil, l'avarice, la luxure, la gourmandiſe, la vangeance, la molleſſe, le luxe, la bonne chere, les jeux, les ſpectacles, les inimitiez, & enfin l'impieté, les richeſſes ſervant d'aliment & de rempart à toutes ſortes de pechez : d'où il faut conclure avec les Peres, qu'afin de rendre les richeſſes utiles au repos & au ſalut de celuy qui les poſſede, il faut qu'il en faſſe le même uſage que l'on fait ordinairement des épines, & qu'il montre par-là le rapport que ces deux choſes ont enſemble ; les épines ne ſont bonnes qu'à être jettées au feu, les richeſſes ne ſont bonnes qu'à être offertes à Dieu en ſacrifice : les épines brulées & reduites en cendre échauffent & engraiſſent la terre ſterile & maigre, les richeſſes conſacrées aux œuvres de miſericorde ſervent à nourrir les fameliques, à revêtir les nuds ; à fomenter les malades : les épines ſeparent, défendent & conſervent les heritages : les richeſſes ſont utiles pour défendre la veuve & l'orphelin, pour proteger le foible & le malheureux contre les perſonnes injuſtes & puiſſantes qui l'opprimeroient : on ne peut gueres s'embarraſſer parmi des épines ſans en être déchiré : ny les ſerrer dans la main ſans en être picqué : on ne peut preſque pas ſe mêler des embarras, & du maniment des richeſſes ſans bleſſer ſon ame : heureux qui peut imiter la femme forte de l'Ecriture : *manum ſuam aperuit inopi , & palmas ſuas extendit ad pauperem :* c'eſt le moyen de n'en recevoir aucune playe : c'eſt donc tres-à-propos que les richeſſes par toutes ces raiſons ſont comparées aux épines.

QUATRIE'ME CONSIDERATION.

Nôtre divin Docteur aprés avoir propoſé cette parabole, diſoit à ſes auditeurs que celuy qui a des oreilles pour écouter, entende ce que je dis : *& dicebat, qui habet aures audiendi audiat :* les excitant par-là à chercher une doctrine profonde dans une parabole ſimple : *provocamur ad dictorum intelligentiam quoties his ſermonibus commonemur,* dit ſaint Jerôme : & accuſant les Juifs qui pleins d'orgueil & de jalouſie fermoient les yeux & les oreilles, pour ne pas voir ſes actions miraculeuſes, & pour ne pas entendre ſes inſtructions ſalutaires, montrant en cela leur aveuglement & leur dureté ; ne les imitons pas dans leur obſtination, & apprenons avec docilité ce que le Seigneur vouloit enſeigner avec charité : *accedamus ergo & nos cum diſcipulis ad Jeſum, rogemus eum diſſertationem parabolæ,* dit ſaint

Jerôme, lequel fait icy plusieurs observations importantes.

1°. Que Jesus-Christ développoit les secrets de sa doctrine aux Apôtres en particulier, & dans la maison, *intus erat, domi versabatur, loquebatur discipulis sacramenta :* & qu'il sortoit dehors pour l'enseigner sous des paraboles aux Juifs, qui se rendoient indignes qu'on leur en découvrît les mysteres : *audiunt in littore quæ intus non merebantur audire.*

2°. Le Sauveur sur la mer, & le peuple sur la terre figurent par leur situation differente, les orages ausquels les Ministres Evangeliques sont exposez, & dont les simples fidelles ne sont pas capables : *Jesus in mediis fluctibus hinc inde mari tunditur, at populus nequaquam periculum sustinens, nec tentationibus circundatus, quas ferre non poterat, stat in littore fixo gradu ut audiat.*

3°. Jesus-Christ disant que le cœur des Juifs étoit appesanti, & leur ouïe bouchée ; fait bien voir que de semblables indispositions à la parole de vie qu'il leur annonçoit, n'étoient pas en eux une grossiereté naturelle, ny une épaisseur d'esprit, mais une malignité affectée, quand il ajoûte qu'ils fermoient les yeux pour ne pas voir la verité : *ac ne fortè arbitremur crassitudinem cordis, & gravitatem aurium naturæ esse non voluntatis, subjungit culpam arbitrii ; & oculos suos clauserunt, &c.* Comment donc eussent-ils pu vouloir penetrer une doctrine cachée, prévenus de haine contre celuy par qui elle étoit prêchée ? & comment auroient-ils pû avoir de sages pensées, refusant d'avoir pour chef la sagesse incarnée ? *neque enim possunt aliquid sapienter intelligere, qui caput non habent ſapientiæ*, ajoûte excellemment ſaint Jerôme. Or pour ne pas tomber dans ces mêmes tenebres, conduiſons-nous par les lumieres de ceux qui ont été éclairez de l'eſprit du Seigneur, & dans les reflexions ſuivantes admirons les richeſſes de l'Ecriture, & aimons en davantage le fruit que l'éclat.

Voicy les motifs qu'elle donne pour vous porter à faire fructifier en vous la parole de vie figurée pour c tte ſemence évangelique.

1°. La ſortie de ce Laboureur myſterieux : elle eſt unique, il ne ſort qu'une fois de chez luy pour aller enſemencer ſon champ, aprés quoy il ne le viſite plus pour l'enſemencer de nouveau; *quando autem audis exiſſe ſeminantem, ut ſeminet, non idem iterari putes*, dit ſaint Chryſoſtome : ainſi quand le Seigneur répand ſes graces ſur vous, que les lumieres, les inſpirations, les bons deſirs, la facilité de faire le bien, les ſecours puiſſans pour ſurmonter les tentations, vous ſont offerts, & pleuvent d'enhaut ſur la terre de vôtre cœur, pour ainſi dire, profitez-en : la grace a ſon automne auſſi-bien que la nature : ne remettez pas à une ſeconde viſite du Seigneur, car ayant une fois enrichi ſon champ, il ne reparoîtra plus que pour la recolte, *cùm autem tempus fructuum appropinquaſſet.* Mais helas ! quelle recolte peut-on eſperer d'une terre que les épines rendent ingrate, & les pierres dure, & qui n'a pas voulu ſe rendre capable de recevoir la ſemence de la parole de Dieu, *non ſeminantis quippe cauſa, ſed ſuſcipientis culpa terræ, hoc eſt propter non attendentem, aut repugnantem animam.*

Le Prophete nous dit que le Seigneur n'a que deux voyes pour venir à nous, la misericorde & la verité: *universæ viæ Domini misericordia & veritas:* deux avenemens du fils de Dieu chez nous, l'un pour répandre ses graces, l'autre pour en recueillir le fruit: *duo adventus Filii Dei,* dit saint Augustin, *unus miserantis, alter judicantis:* l'Apôtre nous presse de travailler incessamment à nôtre salut, par cette raison que la mort ne vient qu'une fois à nous, *statutum est hominibus semel mori:* & que Jesus-Christ ne peut mourir qu'une fois pour nous: *semel pro peccatis nostris mortuus est:* ainsi, puisque le Laboureur ne sort qu'une fois pour ensemencer nôtre ame, n'attendons pas une seconde visite, ny une troisiéme, *non idem iterari putes.*

2°. Le temps destiné à la culture de la terre vous y oblige: *ecce exiit qui seminat.* Car si le Laboureur oisif & negligent laissoit écouler l'automne, sans ensemencer sa terre, sans en ôter les épines & les pierres, sans la préparer, quelle recolte pourroit-il esperer? or voicy le temps heureux pour enrichir la terre de vôtre cœur: *tempus seminis est modo,* dit saint Augustin, *ecce nunc tempus acceptabile, ecce nunc dies salutis.* Profitez de cette saison favorable: celuy qui ne seme rien ne recueille rien, l'hyver viendra, & il n'y aura plus moyen de semer des œuvres qui puissent germer pour la vie éternelle: *opera nostra non transeunt,* dit saint Bernard, *sed velut æternitatis semina jaciuntur.* Faites donc de dignes fruits de penitence.

3°. La fertilité de la terre vous y engage, *& semen cecidit in terram bonam:* elle vous rapportera une moisson

ſon auſſi abondante que celle de cet ancien Patriarche dont parle l'Ecriture: *ſevit autem Iſaac in terra illa, & invenit in terra illa centuplum, benedixitque ei Dominus.* Peu de grains, dit ſaint Auguſtin, multiplient à l'infini, & rempliſſent les greniers du ſage Laboureur quelques grands qu'ils ſoient, pourvû que la terre ſoit bonne & bien préparée: *nam & pauca ſemina uberrimam meſſem referunt, ſi ſit terra frugifera:* quel préjudice ne ſe fait donc pas l'homme inconſideré, qui diſſipe en débauches non ſeulement le bled reſerré dans ſes greniers, mais le bled deſtiné à enſemencer ſes terres, qu'il laiſſe en friche? *modica ſementis detractio, magnum eſt meſſis detrimentum*, dit ſaint Bernard: n'eſt-ce pas reſſembler à l'enfant prodigue qui diſſipa, non ſeulement ſes revenus, mais encore ſon fonds, & ſa ſubſtance? *diſſipavit ſubſtantiam ſuam.*

4°. La dignité de celuy qui ſéme doit vous y animer, c'eſt le Seigneur même, *ecce exiit qui ſeminat:* c'eſt le Fils de Dieu, dit ſaint Jerôme, qui vient enſemencer la terre de vôtre cœur, & y répandre la parole de vie: *ſignificatur autem ſator iſte qui ſeminat eſſe filius Dei, & patris in populis ſeminare ſermonem.* Quel puiſſant motif pour bien recevoir le grain précieux de ce divin pere de famille, qui exige qu'on rapporte & qu'on multiplie ce qu'il a confié? & qui condamnera au feu l'arbre & la terre ſterile: *aperiatur terra pectoris veſtri vomere ſermonis Dei*, dit S. Auguſtin.

5°. L'exellence du grain précieux qu'on répand ſur la terre de vôtre cœur doit vous y exciter: c'eſt une ſemence divine, *ecce exiit qui ſeminat ſeminare ſemen ſuum:* que peut-elle produire ſinon des Dieux ? n'eſt-ce pas le Fils de Dieu même, ce grain de froment myſterieux, qui enſeveli ſous la terre en eſt ſorti, & a produit au genre humain la plus riche recolte qui fut jamais ? *Dominus Jeſus ipſe erat granum mortificandum & vivificandum :* n'eſt-ce pas Jeſus-Chriſt qui faiſant mourir en vous le vieil homme en l'enſeveliſſant avec luy, d'enfant d'Adam que vous étiez auparavant, vous transformera en un enfant de Dieu, en un fruit digne d'être reçû dans les greniers du Pere celeſte ? quel eſt donc l'homme aſſez inſenſé, & aſſez ennemi de ſon propre bonheur, pour aimer mieux être une terre inculte, ingrate, ſterile, qu'un champ fertile, odoriferant, fructueux, & beni du Seigneur ? *ecce odor filii mei, quaſi odor agri pleni cui benedixit Dominus*, s'attirer le ſort malheureux de ce figuier ſterile dont il eſt parlé dans ſaint Luc, & qui n'a pas un mediocre rapport à la parabole d'aujourd'huy.

Un homme avoit un figuier planté dans ſa vigne, & venant pour y chercher du fruit, il n'en trouva point : *venit quærens fructum in illa, & non invenit*, quoyque même, ſelon la remarque de ſaint Ambroiſe & de ſaint Auguſtin, cette eſpece d'arbre produiſe les fruits plûtôt que les feuilles, & les fleurs : alors ce pere de famille dit à celuy qui prenoit ſoin de la culture de ſa vigne : il y a trois ans que je viens chercher du fruit à ce figuier ſans y en trouver, coupez-le donc, pourquoy occupe-t-il inutilement la terre ? mais ce ſerviteur répondit : Seigneur, laiſſez-le encore cette année juſqu'à ce que j'aye labouré à l'entour, & que j'y aye mis du fumier, aprés quoy peut-être portera-t-il du fruit, ſinon on le coupera: parole qui renferme l'ordre de la providence dans la diſpoſition des chatimens pour ramener les pecheurs, & leur faire produire de dignes fruits de penitence.

1°. Je laboureray, *fodiam* diſoit ce Jardinier Evangelique, c'eſt à dire, j'entameray la dureté de ſon cœur par le fer de la tribulation, comme par une bêche ſalutaire, afin d'ouvrir le chemin à la roſée celeſte qui ny pénétroit pas auparavant: je l'entameray, je le bleſſeray en tout ce qui l'environne, & qui le touche de plus prés, *fodiam circa illum*, biens, parens, amis, emplois, je n'épargneray rien pour le mortifier dans ſes plaiſirs, & luy faire ſentir le glaive de la vengeance divine, afin qu'il cherche de la conſolation au Seigneur.

2°. Je remuëray la terre à laquelle il tient tant, *fodiam circa illum*: luy faiſant voir que tout ce qu'il aime n'eſt que terre, que ſes penſées, ſes deſirs, ſes projets, ſes inquietudes, ſes joyes n'aboutiſſent qu'à des choſes vaines, mépriſables, corruptibles: qu'il eſt un homme tout terreſtre, un vray enfant d'Adam. *Primus homo de terra terrenus*: s'il n'a pas honte de ne s'occuper que des choſes terreſtres, étant fait pour le ciel? *ſecundus homo de cœlo cœleſtis*: afin qu'il s'éleve en haut & qu'il ceſſe de ſe courber en bas.

3°. Je laboureray cette terre qui l'environne, *fodiam circa illum*: je renverſeray ſes affaires, je mettray ſes deſſeins ſans deſſus deſſous, il perdra ce procés, on luy enlevera cette maiſon, cet enfant prodigue le ruinera, aucune de ses entreprises ne reüssira, tout se confondra dans sa famille, le creancier, le persecuteur, les incendies, la gresle & la gelée desoleront ses heritages, afin que ne sçachant pas à qui recourir, il rentre enfin en luy-même, & leve les yeux au ciel, d'où la providence luy envoye tant de calamitez, & qu'il se reconnoisse.

4°. Je laboureray autour de luy, *fodiam circa illum*, je creuseray en terre pour luy faire voir son tombeau, qu'il n'est que terre luy-même, & qu'il retournera en terre, je luy imprimeray la pensée si salutaire de la mort, & je luy feray mediter ces paroles: *memento homo quia pulvis es, & in pulverem reverteris*: que son sepulchre est déja ouvert, & que le convoy de ce parent auquel il a depuis peu assisté, est un avertissement secret, qu'on assistera bien-tôt au sien, afin que frappé de ce triste objet, il prenne resolution de mourir au peché, & qu'effrayé de la mort temporelle, il craigne de tomber dans la mort éternelle.

5°. Je laboureray à l'entour de luy, *fodiam circa illum*, je ne m'arresteray pas seulement à luy creuser son tombeau, mais je creuseray plus avant, & par l'ouverture de son tombeau, je luy feray entrevoir cet enfer où sont condamnez les pecheurs, ces feux & ces flammes qui ne s'éteindront point, ce ver rongeur qui ne mourra point, ces tenebres qui ne se dissiperont point: ce desespoir qui ne finira point, ce lieu de tourmens & de peines qui ne diminuëront point, ces larmes & ces grincemens de dents qui ne s'arrêteront point; cette effroyable sentence qui retentira sans cefse à ses oreilles, allez maudits au feu d'enfer qui est préparé au diable & à ses Anges : & peut-être qu'une consideration si puissante l'obligera de se convertir pour n'être pas jetté au feu comme un arbre aride & infructueux.

6°. Je feray davantage, je répandray du fumier sur cette terre labourée à l'entour de luy, *& mittam stercora*, je mettray ses infamies au jour, je feray voir les turpitudes de sa vie, ses pechez secrets & honteux seront manifestez, il passera pour un homme perdu d'honneur dans le monde, pour un vieux pecheur décrié, vicieux, corrompu : pour une femme abandonnée, infame, adultere : je couvriray de honte son visage, afin qu'elle cherche vôtre nom, ô Seigneur, qui ne voulez pas la mort du pecheur, *imple facies eorum ignominia, & quærent nomen tuum, Domine* : chacun évitera sa compagnie, & ne voudra avoir aucun commerce avec une personne si indigne : quelle ignominie pour celle qui jusques-là avoit été si jalouse de sa reputation ! & peut-être que frappée d'une playe si humiliante, cet arbre sterile donnera quelque signe de vie, & produira quelque fruit de penitence.

7°. Enfin je feray plus, *& mittam stercora*, je frapperay son corps par des infirmitez & des maladies qui fletriront cet heureux tenperament, cette beauté fragile, cette chair si flattée par tant de plaisirs : la corruption & la pourriture luy feront sentir qu'entre elle & du fumier, il n'y a presque pas de difference, sa puanteur deviendra insupportable, non seulement aux autres, ainsi qu'il arriva à Antiochus, mais aussi à elle-même, elle s'écriera avec le bienheureux homme Job, j'ay dit à la pourriture qu'elle étoit ma mere, j'ay dit aux vers qu'ils étoient mes freres: *putredini dixi: pater meus es, mater mea, & ſoror mea vermibus:* & qui ſçait ſi la corruption & la puanteur de ſon corps, legere image de la corruption & de la puanteur de ſon ame, ne l'obligera pas de gemir, & de recourir à celuy qui ſeul peut la guerir de ſes maux?

Que ſi tous ces moyens luy ſont utiles, à la bonne heure, on le conſervera ce figuier qui depuis trois ans étoit ſterile, il fleurira dans le ſacré terroir de vôtre Jardin myſterieux: que ſi au contraire tous ces ſoins ne luy ſervent à rien, on le coupera pour le jetter au feu. *Et ſiquidem fecerit fructum, ſin autem in futurum ſuccides eam.*

Voyez combien l'Ecriture ſous des termes ſimples & courts renferme de riches penſées, & de veritez importantes, liſez-la donc attentivement cette Ecriture, approfondiſſez-la, *ſcrutamini ſcripturas in quibus ſperatis ſalutem*, & par l'hiſtoire édifiante dont ſaint Gregoire dans une homelie ſur ce même Evangile d'aujourd'huy voulut bien conſoler ſon peuple, apprenez qu'il n'eſt pas beſoin de grande ſcience, ny de grand genie pour en approfondir les myſteres, & pour en nourrir ſon ame: mais ſeulement de cet eſprit interieur que Dieu ne refuſe pas aux humbles. Voicy les paroles de ce grand Pontife.

Dans ce portique prés d'icy par lequel on paſſe pour aller à l'Egliſe de ſaint Clement, il y a eu de nos jours un ſerviteur de Dieu que pluſieurs de nous ont connu, *quem multi veſtrûm mecum noverunt*, nommé Servule, pauvre des biens de la terre, mais riche en merites devant le Seigneur, *rebus pauper, meritis dives:* dont la providence exerça la vertu par une tres-longue maladie: car depuis ſa tendre jeuneſſe juſqu'à la fin de ſa vie, il fut toûjours affligé d'une douloureuſe paralyſie, toûjours couché ſur un méchant lit, ſans pouvoir ſe lever ny ſe tenir aſſis, jamais il ne put porter ſa main à la bouche, ny ſe tourner de côté ou d'autre; il avoit ſa mere & ſon frere qui le ſervoient, on luy faiſoit des aumônes, il en prenoit le neceſſaire pour luy, & employoit les mains de cette mere & de ce frere pour diſtribuer le reſte aux pauvres: il ne ſçavoit point lire, mais ayant acheté les livres ſacrez de l'Ecriture, il ſe les faiſoit lire inceſſamment par les perſonnes religieuſes qu'il recevoit volontiers chez luy par charité, & pour exercer envers eux l'hoſpitalité, de telle façon qu'il avoit preſque appris par cœur toute l'Ecriture Sainte, & qu'il l'entendoit ſelon ſa capacité & ſa meſure en nôtre Seigneur, quoyque d'ailleurs il ne fût nullement ſçavant dans les lettres humaines; au milieu de ſes ſouffrances il beniſſoit Dieu ſans ceſſe, & n'avoit d'autre occupation jour & nuit que de chanter des Hymnes & des Cantiques en ſon honneur, *ſtudebat in dolore ſemper gratias agere, hymnis Deo, & laudibus, diebus & noctibus vacare:* mais enfin le temps étant venu auquel une ſi grande patience devoit eſtre couronnée, la douleur exterieure de ſes membres rentra tout d'un coup au dedans: alors ſe ſentant proche de ſa fin, il fit avertir les étrangers qu'il avoit reçû chez luy de ſe lever & de chanter des Pſeaumes avec luy dans l'attente du moment qu'il devoit expirer ; & comme il chantoit luy-même avec les aſſiſtans, tout mourant qu'il étoit, tout d'un coup il les fit taire, & élevant ſa voix il ſe mit à crier, taiſez-vous, leur dit-il, taiſez-vous, eſt ce que vous n'entendez pas les Cantiques de loüanges qui retentiſſent dans les cieux ? *tacete, nunquid non auditis quantæ reſonant laudes in cœlo?* & comme il ſe mit à prêter attentivement l'oreille de ſon cœur à ces chants mélodieux, cette ame ſainte ſe ſepara de ſon corps : mais en le quittant il ſe répandit dans la chambre une odeur ſi exquiſe, que tous les aſſiſtans ſe trouverent remplis de ce parfum merveilleux, qui les conſola au delà de ce qu'on ſçauroit dire : un de mes Religieux qui s'y trouva préſent, & qui vit encore, ne peut en rendre témoignage ſans verſer une abondance de larmes, affirmant que cette bonne odeur ne le quitta point juſqu'à ce que le corps du défunt eût été inhumé. Telle fut la fin de celuy qui ſouffrit patiemment en cette vie les maux dont la providence permit qu'il fût exercé : penſons un peu, mes tres-chers freres, continuë S. Gregoire, quelle excuſe nous pourrons avoir devant le juſte Juge : nous qui ayant l'uſage des mains & des bras, ne faiſons point cependant de bonnes œuvres, en comparaiſon de celuy qui n'ayant ny mains ny bras, ne laiſſoit pas d'accomplir les preceptes divins ? quelle confuſion n'avons-nous pas à craindre lorſque le Seigneur nous fera voir ſes Apôtres, qui par leurs grands travaux ont attiré aprés eux un nombre infini d'ames au ciel; lorſqu'il oppoſera à nôtre lacheté

cette

cette troupe nombreuſe de Martyrs qui ſont arrivez à la patrie celeſte par l'effuſion de leur ſang ? qu'aurons-nous à dire lorſque nous verrons celuy dont je viens de vous rapporter la vie, chargé de mérites, ſans que toutes ſes infirmitez ayent pû l'empêcher de pratiquer tant de bonnes œuvres, tandis que nous avec la meilleure ſanté du monde ne faiſons rien digne de la récompenſe éternelle ? animons-nous donc de zele avec les Saints, ſi nous voulons participer au repos des Saints : *hæc vobiſcum, fratres, agite, ſic vos ad ſtudium boni operis inſtigare, ut cùm bonos vobis modò ad imitandum proponitis, eorum conſortes tunc eſſe valeatis.*

Decembre 1706.

PRIVILEGE DU ROY.

LOUIS PAR LA GRACE DE DIEU, ROY DE FRANCE ET DE NAVARRE; A nos amez & feaux Conseillers les gens tenans nos Cours de Parlement, Maistres des Requestes ordinaires de nôtre Hôtel, Grand-Conseil, Prevost de Paris, Baillys, Senechaux, leurs Lieutenans Civils, & autres nos Justiciers qu'il appartiendra; SALUT. Le Sieur DE LA CHETARDIE Curé de saint Sulpice, Nous ayant fait remontrer qu'il desireroit donner au Public un Livre de sa composition, intitulé, *Homelies sur les Dimanches & autres jours de l'année, tant en Latin qu'en François*; s'il nous plaisoit luy accorder nos Lettres de Privilege sur ce necessaires: Nous luy avons permis & permettons par ces Presentes, de faire imprimer ledit Livre en telle forme, marge, caractere, & autant de fois que bon luy semblera; & de le faire vendre & debiter par tout nôtre Royaume, pendant le temps de cinq années consecutives, à compter du jour de la datte desdites presentes; Faisons défenses à toutes sortes de personnes de quelque qualité & condition qu'elles puissent estre, d'en introduire d'impression étrangere dans aucun lieu de nôtre obeïssance; & à tous Imprimeurs-Libraires & autres, d'imprimer, faire imprimer, & contre-faire ledit Livre, en tout ni en partie, sans la permission expresse & par écrit dudit Sieur Exposant, ou de ceux qui auront droit de luy; à peine de confiscation des exemplaires contrefaits, de quinze cens livres d'amende contre chacun des contrevenans, dont un tiers à nous, un tiers à l'Hôtel-Dieu de Paris, l'autre tiers audit Sieur Exposant, & de tous dépens, dommages & interests; à la charge que ces Presentes seront enregistrées tout au long sur le Registre de la Communauté des Imprimeurs & Libraires de Paris, & ce dans trois mois de la datte d'icelles: Que l'impression dudit livre sera faite dans nôtre Royaume & non ailleurs, & ce en bon papier

& en beaux caracteres, conformément aux Réglemens de la Librairie ; & qu'avant de l'exposer en vente, il en sera mis deux exemplaires dans nôtre Bibliotheque publique, un dans celle de nostre Chasteau du Louvre, & un dans celle de nôtre tres-cher & feal Chevalier Chancelier de France, le Sieur Phelyppeaux, Comte de Pontchartrain, Commandeur de nos ordres. Le tout à peine de nullité des Presentes, du contenu desquelles, vous mandons & enjoignons de faire joüir l'Exposant, ou ses ayans cause, pleinement & paisiblement, sans souffrir qu'il leur soit fait aucun trouble ou empêchement : Voulons que la copie desdites qui sera imprimée au commencement ou à la fin dudit Livre, soit tenuë pour dûëment signifiée, & qu'aux copies collationnées par l'un de nos amez & Feaux Conseillers & Secretaires, foy soit ajoûtée comme à l'original ; Commandons au premier nôtre Huissier ou Sergent, de faire pour l'execution d'icelles, tous actes requis & necessaires, sans demander autre permission, & nonobstant clameur de Haro, Chartre Normande & Lettres à ce contraires : CAR tel est nôtre plaisir. DONNE' à Versailles le vingtiéme jour de Fevrier, l'an de Grace mil sept cens six, & de nôtre Regne le soixante-troisiéme. Par le Roy en son Conseil, LE COMTE.

Registré, ainsi que la Cession, sur le Registre de la Communauté des Libraires & Imprimeurs de Paris, page 78. Numero 161. conformément aux Réglemens, & notamment à l'Arrest du Conseil du 13. Aoust 1703. A Paris le 26. Fevrier 1706.

Signé, GUERIN, Syndic.

Ledit Sieur Curé a cedé son droit au present Privilege à Raymond Mazieres, Marchand Libraire, pour en joüir en son lieu & place.

www.ingramcontent.com/pod-product-compliance
Ingram Content Group UK Ltd.
Pitfield, Milton Keynes, MK11 3LW, UK
UKHW020445180726
13839UKWH00004B/1639

9 782329 562575